곤충은 어떻게 하늘을 날까요?

Beauty of Science(아름다운 과학) 글·그림 | 이신혜 옮김

다정다감

글·그림 **Beauty of Science(아름다운 과학, 美丽科学)**   https://www.beautyofscience.cn/#/home

칭화대학(清华大学), 중국과학기술대학(中国科学技术大学) 출신의 젊은 학자들이 모여 만든 과학 교육 및 과학 문화 대중화 모임으로 초·중등 학생에게 높은 수준의 과학 교육 콘텐츠를 제공하기 위해 노력하고 있다. '아름다운 과학' 모임은 과학과 예술을 융합한 아름다운 시각 콘텐츠로 어린이의 호기심을 만족시키고, 과학의 아름다움에 눈뜰 수 있도록 이끌어 준다. 중국의 국영 신문사인 『런민일보(人民日报)』, 중국과학원에서 운영하는 교양 과학 사이트 '중국교양과학박람(中国科普博览)', 미국 잡지 『내셔널 지오그래픽(National Geographic)』, 다큐멘터리 전문 채널 '디스커버리 채널(Discovery Channel)' 등 여러 유명 매체에서 높은 평가를 받기도 했다.
'아름다운 과학' 모임의 활동 내용과 콘텐츠는 전 세계 130여 곳 언론 매체에서 기사화되었으며, 2015년 미국 과학기금회(NSF)와 『파퓰러 사이언스(Popular Science)』잡지에서 선정하는 과학 콘텐츠 대상을 받았고, 2017년 중국화학회(中国化学会)와 함께하는 '새로운 화학' 프로젝트로 『런민일보』에서 선정하는 '2017년 과학 대중화를 위한 10대 문화콘텐츠' 등을 수상했다.

가오신(高昕)
중국과학원 이화학기술연구소에서 박사 학위를 받고, 칭화대학에서 박사 후 과정을 밟은 후 현재 아름다운 과학에서 총괄 기획자를 맡고 있다. 여러 편의 과학 그림책을 기획하고, 10여 차례의 청소년 과학 페어를 진행했다.

장웨(张玥)
프리랜서 일러스트레이터로 영국 잡지 『모노클(Monocle)』, 미국 웹진 『퀀타 매거진(Quanta Magazine)』, 상하이자연박물관, 중국 휴대전화 브랜드 비보(VIVO) 등 유명 브랜드 및 기업체와 협력해 활동했다. 디자인 자료 플랫폼 비핸스(Behance)와 인스타그램에서 Koma Zhang을 검색하거나 komaciel924@gmail.com으로 소통할 수 있다.

옮김 이신혜
숙명여자대학교에서 중어중문학을, 이화여자대학교 통번역대학원에서 한중통역학을 전공했다. 삼성전자, 주중한국대사관에서 통번역사로, 수원법원과 대법원 인증 통역인으로 일했다. 현재 번역집단 실크로드 소속 번역가 겸 프리랜서 통번역사로 활동하고 있다.
지은 책으로 『나의 중국어 다이어리』, 『열정 중국어 회화 1, 2, 3(공저)』가 있으며 옮긴 책으로는 『시경 속 동물』, 『감정이 상처가 되기 전에』가 있다.

초판 인쇄일 2023년 6월 1일 | 초판 발행일 2023년 6월 14일
글·그림 Beauty of Science(아름다운 과학) | 옮김 이신혜
발행인 김영숙 | 신고번호 제2022-000042호 | 발행처 다정다감
주소 (10881) 경기도 파주시 회동길 445-4(문발동 638) 408호
전화 031)955-9221~5 | 팩스 031)955-9220 | 인스타그램 @ddbeatbooks | 메일 ddbeatbooks@gmail.com
기획·진행 박혜지 | 디자인 조수안 | 영업마케팅 김준범, 서지영
ISBN 979-11-981852-7-3 | 정가 14,000원

Copyright © 2020 Xinzhi Digital Media
Korean edition copyright © 2023 by DajungDagam, an Imprint of Hyejiwon Publishing Co.
by arrangement with CITIC Press Corporation through SilkRoad Agency, Seoul, Korea.
All rights reserved.

* 다정다감은 도서출판 혜지원의 임프린트입니다.
  다정다감은 소중한 원고의 투고를 항상 기다리고 있습니다.

이 책은 저작권법에 의해 보호를 받는 저작물이므로 어떠한 형태의 무단 전재나 복제도 금합니다.
본문 중에 인용한 제품명은 각 개발사의 등록상표이며, 특허법과 저작권법 등에 의해 보호를 받고 있습니다.

1. 제조자   다정다감
2. 주소   경기도 파주시 회동길 445-4 408호
3. 전화번호   031-955-9224
4. 제조년월   2023년 6월 1일
5. 제조국   대한민국
6. 사용연령   4세 이상

사용상 주의사항
- 종이에 긁히거나 손이 베이지 않도록 주의하세요.
- 제품을 입에 넣거나 빨지 않도록 주의하세요.
- KC마크는 이 제품이 공통안전기준에 적합하였음을 의미합니다.

목차

- 8 작지만 다양한 곤충
- 10 곤충에 대해 알아보자
- 12 곤충의 날개는 어떻게 만들어졌을까?
- 14 곤충은 어떻게 자라날까?
- 16 알록달록한 날개
- 18 날개에 이런 기능도 있다니!
- 20 곤충의 날개는 노래도 할 줄 안다고?
- 22 갑옷 같은 딱정벌레목 곤충의 날개
- 24 비단 같은 나비목 곤충의 날개
- 26 면사포 같은 벌목 곤충의 날개
- 28 가죽옷 같은 집게벌레목 곤충의 날개
- 30 날개가 적어도 빨리 날 수 있어
- 32 날개를 자라게 할까, 말까?
- 34 날개가 어디 갔지?
- 36 암컷과 수컷 중 누가 더 예쁠까?
- 38 곤충은 얼마나 빨리 날 수 있을까?
- 40 곤충에서 영감받은 발명
- 42 우리 함께 곤충을 보호하자
- 44 이 책에 등장한 곤충들의 이름

왕풍뎅이
유라시아 대륙에
많이 살아요.

쌔기풀나비
주로 유라시아 대륙의
온대 지방에서 많이 살아요.

루리하늘소
주로 유럽의 칸타브리아산맥부터
캅카스산맥 지역 주변에 살고,
아시아 지역에도 조금 살아요.

청실잠자리
유라시아 대륙 여기저기에
많이 살아요.

산호랑나비
유라시아 대륙에 많이 살고,
아프리카와 북아메리카에도 살고 있어요.

포베티쿠스 차니
지금까지 보르네오섬의 북부 지역
에서만 발견된 막대벌레예요.

집게벌레
세계 각지에서 볼 수 있지만,
열대와 아열대 지방에서 살○

골리앗왕꽃무지
적도와 가까운
서아프리카 지역에 살아요.

마다가스카르비단제비나방
아프리카 마다가스카르섬에 살아요.

체체파리
대부분 아프리카의 열대 지방에 살아요.

작지만 다양한 곤충

곤충이 작다고 얕잡아 보지 마세요. 지금까지 발견된 곤충만 해도 100만 종이 넘어요. 곤충이 아닌 모든 동물의 종을 다 합친 것보다 많죠. 우리 함께 전 세계에 퍼져 있는 다양한 곤충을 알아봐요.

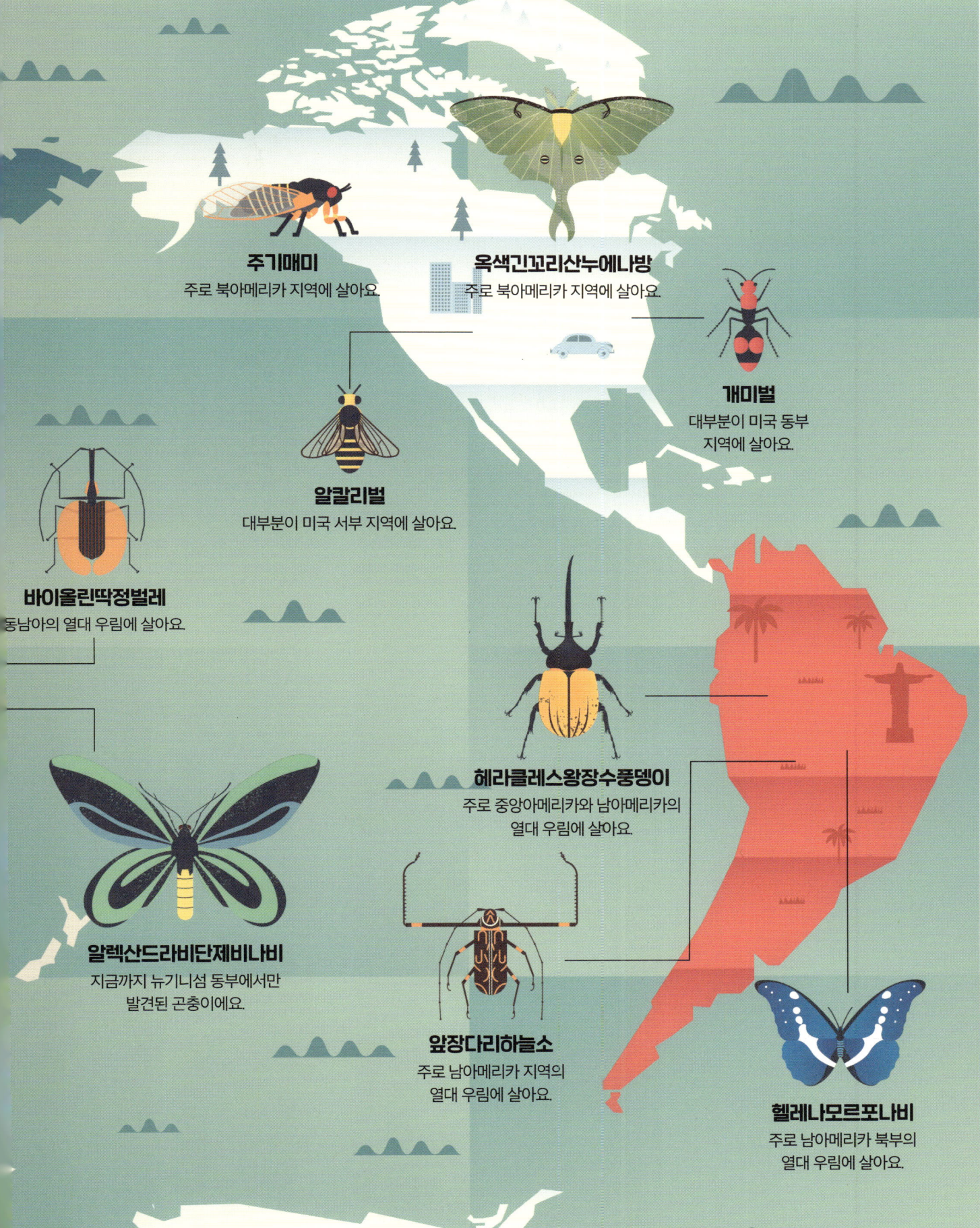

곤충에 대해 알아보자

다 자란 어른벌레의 몸은 머리, 가슴, 배 세 부분으로 구분해요. 일반적으로 두 쌍의 날개, 세 쌍의 다리가 있고, 머리에 한 쌍의 더듬이가 있어요. 우리 함께 왕사마귀를 자세히 관찰해 봐요.

더듬이

마치 우리의 코와 두 손처럼 곤충은 더듬이로 '냄새를 맡고', '물건을 만질 수' 있어요. 또 곤충은 다양한 모양새의 더듬이를 가지고 있어요.

중간에서 꺾인 무릎 모양의 개미 더듬이 | 얇은 판이 겹쳐진 물고기 아가미 모양의 풍뎅이 더듬이 | 가늘고 긴 실 모양의 여치 더듬이

구기

곤충의 입은 '구기'라고 불러요. 어떤 먹이를 먹느냐에 따라 구기의 모양도 다르답니다.

 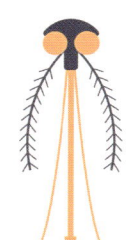

먹이를 씹어 먹는 풀무치의 구기 | 먹이를 찌르고 빨아들여 먹는 모기의 구기

다리

곤충의 다리는 세 쌍이에요. 앞다리, 가운뎃다리, 뒷다리가 각각 한 쌍씩 모두 가슴 부분에 달려 있어요. 곤충의 다리는 주로 걷거나 폴짝 뛰어오를 때 사용되지만, 사마귀처럼 생활 환경에 적응하기 위해 다리가 변한 곤충도 있어요. 사마귀의 앞다리는 사냥감을 잡기 좋게 변했답니다.

눈

거의 모든 곤충은 한 쌍의 겹눈을 가지고 있어요. 겹눈이란 여러 개의 낱눈이 모여서 만들어진 것이에요. 일반적으로 낱눈의 수가 많은 곤충일수록 시력이 더 좋아요.

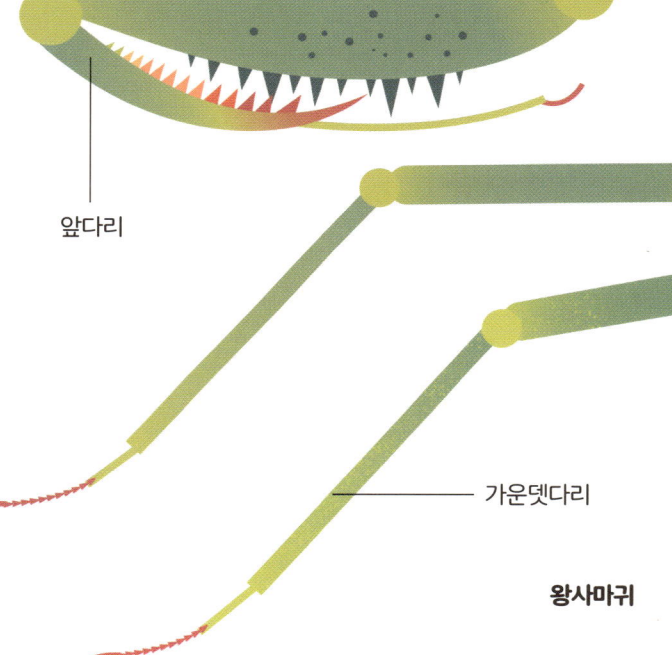

앞다리

가운뎃다리

왕사마귀

청각 기관
곤충에게는 귓바퀴가 없지만 청각 기관이 있어 아주 잘 '들을 수' 있어요. 고막과 같은 역할을 하는 곤충의 청각 기관은 조그마한 떨림도 느낄 수 있어요. 그런데 곤충마다 청각 기관이 달린 곳은 달라요. 어떤 곤충은 청각 기관이 가슴 부분에 있고, 어떤 곤충은 배나 앞다리에 달려 있기도 해요. 사마귀는 가슴 부분에 청각 기관이 있답니다.

앞날개

뒷날개

날개
일반적으로 어른벌레는 앞날개와 뒷날개, 총 두 쌍의 날개가 달렸는데 모두 가슴 부분에 붙어 있어요. 날개는 주로 비행할 때 사용해요.

뒷다리

숨구멍
곤충은 코가 없어요. 그래서 곤충은 대부분 가슴과 배 양쪽에 나 있는 숨구멍으로 공기를 빨아들여요. 숨구멍이란 몸 겉면에 있는 호흡을 위한 구멍이에요.

벌레와 곤충은 같은 뜻인가요?
벌레 중에는 다리가 여덟 개인 벌레와 몸이 두 부분으로만 나눠진 벌레도 있는데, 이 두 종류는 모두 곤충이 아니에요. 거미, 지네, 전갈 같은 동물들이 그렇지요. 그럼 아래 동물은 왜 곤충이 아닌지 말해 볼까요?

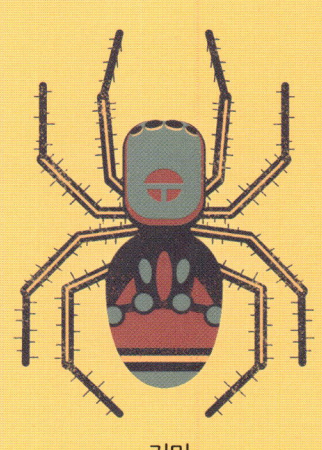

거미

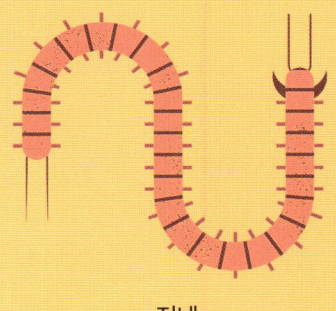

지네

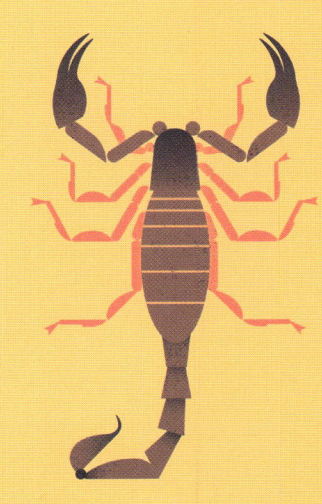

전갈

곤충의 날개는 어떻게 만들어졌을까?

곤충은 줄곧 날개를 가지고 있었을까요? 곤충의 날개는 어떻게 진화했을까요?
이 질문에 대한 답을 찾으려면 곤충이 언제부터 나타났는지를 먼저 알아봐야 해요.

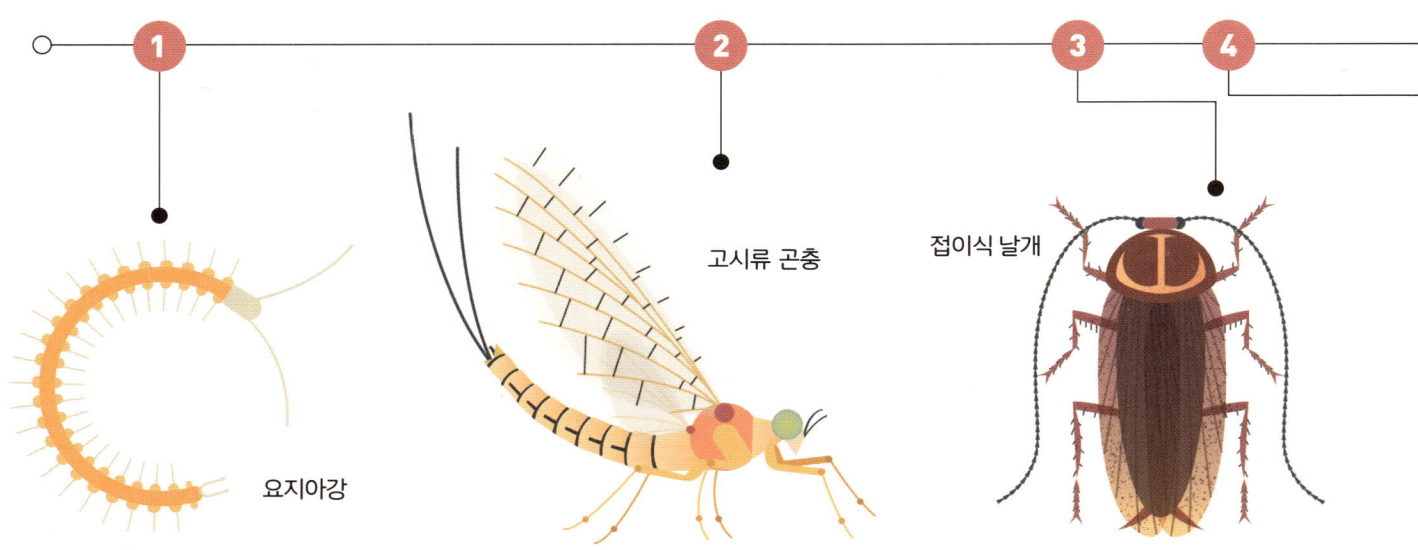

날개가 없는 곤충의 조상
곤충은 오르도비스기 초기에 나타났어요. 눈이 없어서 앞을 볼 수 없는 수생 절지동물인 '요지아강 동물'이 조금씩 진화해 오늘날의 여러 곤충의 조상이 되었어요. 하지만 곤충의 조상인 요지아강 동물에게는 날개가 없었어요.

날개가 있는 고시류 곤충
석탄기 초기가 되자 몇몇 곤충들이 진화해서 날개가 생겼는데, 이런 곤충들은 접히지 않는 옛날식 날개를 가졌다고 해서 '고시류 곤충'이라고 불러요. 오늘날 남아 있는 고시류 곤충의 후손은 하루살이와 잠자리밖에 없어요.

접을 수 있는 날개의 등장
석탄기 후기가 되자 접을 수 있는 날개를 가진 곤충이 나타났어요. 날개를 접을 수 있게 되자 날개를 덜 다치게 된 것은 물론이고, 더욱 자유롭게 움직일 수 있게 되어 곤충의 활동 범위가 넓어졌어요.

약 2억 9800만 년 전
페름기

약 2억 5200만 년 전
트라이아스기

약 2억 100만 년 전
쥐라기

약 1억 4500만 년 전
백악기

번데기

번식을 촉진하는 번데기
석탄기 후기가 되자 어떤 곤충은 번데기로 변해 몸이 커지는 발달 단계를 거치게 되었어요. 번데기는 애벌레가 '곤충'이 될 수 있도록 도와주고, 날개가 진화할 수 있는 환경을 마련했어요.

더욱 다양해진 날개 모양
시간이 흘러 백악기가 되자 꽃을 피우는 식물이 많이 나타났어요. 그 덕분에 꽃의 꿀을 먹이로 삼는 꿀벌과 나비 같은 곤충이 많이 등장해 곤충 종류들이 빠르게 늘어났답니다. 여러 가지 모양의 날개도 거의 다 이 시기에 만들어졌어요.

꿀을 모으는 꿀벌

곤충은 어떻게 자라날까?

우리 인간은 어린이라도 몸집만 작을 뿐, 어른과 똑같이 손과 발이 모두 있어요.
하지만 많은 곤충이 애벌레일 때는 날개가 없죠. 이처럼 곤충은 평생 여러 차례 겉모습이 변한답니다.

나비의 성장 과정

애벌레 모습을 한 아기 곤충

어떤 곤충은 어릴 때 애벌레 모습을 하고 있어요. 날개는 번데기가 된 후, 허물을 벗는 과정을 거쳐야 생긴답니다. 이런 곤충은 평생 **알-애벌레-번데기-어른벌레**라는 네 가지 성장 과정을 거쳐야 해요. 번데기는 그 성장 과정 중의 하나인데, 오로지 곤충만 거치는 성장 단계에요.

❶ **알** 나비는 아주 자그마한 원형 혹은 타원형의 알을 낳아요.

❷ **애벌레** 알이 부화하면 우리가 흔히 볼 수 있는 송충이를 닮은 애벌레가 돼요. 애벌레는 날개가 없어요.

❸ **번데기** 애벌레는 몇 번의 허물벗기를 거친 후 번데기가 돼요. 겉에서 보면 번데기는 꼼짝도 하지 않고 가만 있는 것 같지만, 그 속에서는 엄청난 변화가 일어나고 있어요. 애벌레 몸은 대부분 영양물질로 변해서 나비 몸 안의 작은 조직을 키워 어른벌레가 되도록 도와줘요.

❹ **어른벌레** 고치에서 나오면 나비에게 날개가 생겨 있답니다.

어렸을 때는 날개싹만 있어요.

잠자리나 풀무치 같은 곤충은 알에서 부화한 모습이 어른벌레와 비슷해서 '약충'이라고 불러요. 이런 곤충은 **알-약충-어른벌레**라는 세 단계의 성장 과정을 거치지요. 약충은 날개가 없고, 나중에 날개로 발달하게 되는 조직인 날개싹만 있어요.

약충은 자라나면서 여러 번 허물을 벗는 과정을 거쳐 어른벌레가 돼요. 이 과정에서 날개싹도 조금씩 자라서 완전한 날개가 된답니다.

어른벌레

잠자리의 성장 과정

크기가 작은 약충은 일부 기관이 아직 다 자라지 않았고, 날개도 없이 한 쌍의 날개싹만 있는 상태예요.

알

유충

곤충은 왜 허물을 벗을까?

곤충의 몸은 자신을 보호하는 딱딱한 조직인 외골격으로 둘러싸여 있어요. 외골격은 우리가 입는 옷과 같아서 자랄 때 저절로 함께 커지지 않아요. 그래서 곤충은 자라나면서 허물벗기라는 방법을 통해 더 큰 '옷'으로 갈아입어요.

알록달록한 날개

곤충의 날개는 알록달록하지요. 나비나 딱정벌레 같은 곤충의 날개는 보는 각도에 따라 색깔이 달라지기도 해요. 그럼 곤충의 날개 색깔은 어떻게 만들어지는 걸까요? 어떤 곤충의 날개는 왜 색깔이 달라지는 걸까요?

화학색: 곤충의 날개를 알록달록하게 만드는 색

곤충은 다양한 색깔의 날개를 가지고 있어요. 곤충의 몸속에는 많은 색소가 있고, 그 색소들이 몸의 여러 부위에 퍼져 있기 때문이에요. 또 색소별로 다른 빛깔의 빛을 흡수하기 때문에 알록달록한 색깔이 나타나요. 이렇게 색소가 만들어 내는 색을 **화학색**이라고 불러요.

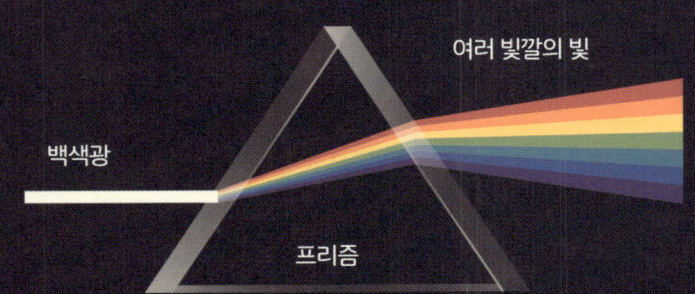

우리가 흔히 보는 아무런 색깔이 없는 빛을 백색광이라고 해요. 하지만 사실 백색광은 다양한 색깔의 빛으로 구성되어 있어요. 그래서 프리즘을 통해 백색광을 보면 여러 색깔의 빛으로 나뉘는 것을 볼 수 있어요.

구조색: 곤충 날개의 색깔을 변화시키는 색

화학색은 곤충의 날개를 특정한 색깔로만 보이게 해 줘요. 그런데 어떤 곤충의 날개는 보는 각도에 따라서 색깔이 변하는 것처럼 보이기도 해요. 이렇게 빛이 날개를 통과할 때 날개의 미세한 구조 때문에 색이 변화하는 것은 **구조색**이라고 해요.

나비의 날개에는 자그마한 비늘이 아주 많아요. 비늘은 작고 촘촘한 막대 구조로 이루어져 빛의 투과에 영향을 끼쳐요. 그래서 보는 각도에 따라 색깔이 바뀌어요.

예를 들어 우리 눈에 노린재 날개는 초록색으로 보여요. 노린재 날개의 초록색 색소가 다른 색깔의 빛은 흡수하고 초록빛만 반사하기 때문에 우리 눈에는 초록색으로 보이는 거랍니다.

노린재

메넬라우스모르포나비가 날개를 퍼덕거릴 때 여러 각도에서 관찰해 보면 구조색에 따라 나비의 날개 색깔이 변하는 것을 볼 수 있어요.

풍뎅이와 같은 딱정벌레목 곤충의 날개는 비늘이 없지만 금속처럼 반짝반짝하게 광택이 돌고 색깔도 화려해요.

이것은 풍뎅이의 날개가 여러 개의 얇은 막으로 된 '다층 박막' 구조로 이뤄져서 그래요. 이런 구조는 빛의 투과에 매우 복잡한 영향을 끼쳐요. 바로 이런 구조색의 원리 때문에 풍뎅이의 날개는 보는 방향에 따라 색깔이 달라 보이는 거랍니다.

일상생활에서도 투명한 비누 거품이나 물웅덩이에 떠 있는 기름때가 알록달록한 색을 띤 것을 볼 수 있는데, 이것도 바로 구조색 때문에 그렇답니다.

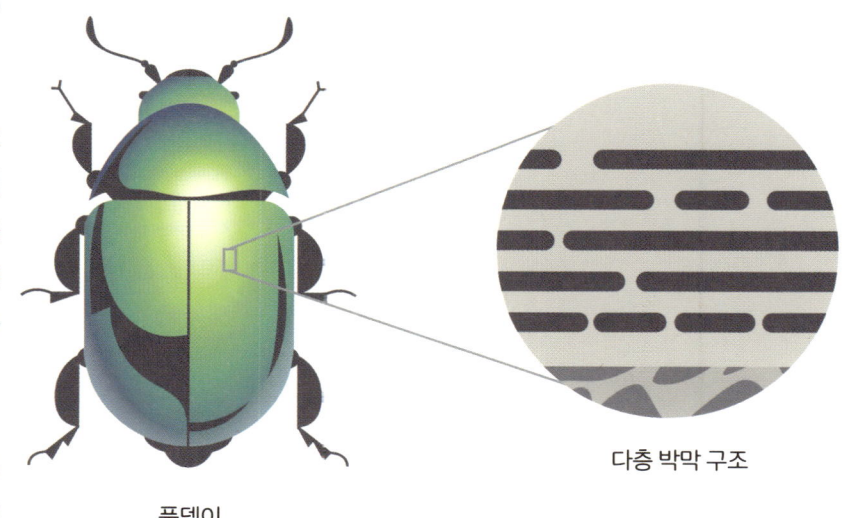

풍뎅이

다층 박막 구조

아! 위험해!

진홍나방은 새를 겁주고 쫓아내기 위해 날개의 경계색을 이용해요.

날개에 이런 기능도 있다니!

곤충의 날개는 비행뿐만 아니라 자신을 보호하는 기능도 갖추고 있어요. 날개의 무늬, 반점 그리고 형태를 이용해 곤충은 천적에게서 몸을 숨기고 맞서 싸워요.

적에게 겁을 주고 쫓아내는 경계색

진홍나방을 포함한 몇몇 나방이나 어떤 나비의 몸속에는 독소가 있어요. 그래서 날개에 화려한 무늬가 있는데 적에게 이런 무늬는 마치 "나는 독이 있어! 잡아먹을 수 없어!"라고 경고하는 것처럼 보여요. 이렇게 밝은 색깔과 무늬로 적에게 겁주고 경고하는 색을 **경계색**이라고 해요.

적에게서 몸을 숨기고 피하는 보호색

경계색과 달리 어떤 곤충은 적의 눈에 띄지 않도록 주위 환경과 매우 비슷한 몸 색깔을 가지는데, 이런 색을 **보호색**이라고 해요. 보호색은 곤충이 적에게서 몸을 숨기고 피할 수 있게 도와줄 뿐만 아니라 먹이를 사냥할 때도 사냥감이 곤충을 쉽게 발견하지 못하도록 도와준답니다.

나뭇가지 위 나방의 보호색 나뭇잎 위 사마귀의 보호색 모래 위 풀무치의 보호색

적을 속이는 위장술

어떤 곤충은 다른 생물로 위장하기도 하는데 이것을 '**의태**'라고 해요. 의태는 효과적으로 적을 속여서 곤충의 생존 능력을 높여 줘요.

가랑잎나비의 날개 뒷면은 꼭 나뭇잎처럼 생겼어요. 그래서 포식자는 나뭇가지 위에 앉아 쉬는 가랑잎나비를 발견하기 어려워요.

많은 나비와 나방의 날개에는 한 쌍의 커다란 검은 반점이 있어요. 이 반점은 몸집이 큰 동물의 눈처럼 보이도록 위장한 것이라 포식자에게 겁을 주는 역할을 해요. 남방공작나비는 여러 나비와 나방 중에서도 최고의 위장술 전문가랍니다.

난초사마귀는 온몸을 꽃으로 위장할 줄 알아요. 보호색과 마찬가지로 난초사마귀의 위장술은 천적을 피할 수 있게 하고, 사냥감을 속여서 손쉽게 잡아먹도록 도와줘요.

나뭇가지 위에서 사는 대벌레는 마치 마른 나뭇가지처럼 보여서 눈에 잘 띄지 않아요.

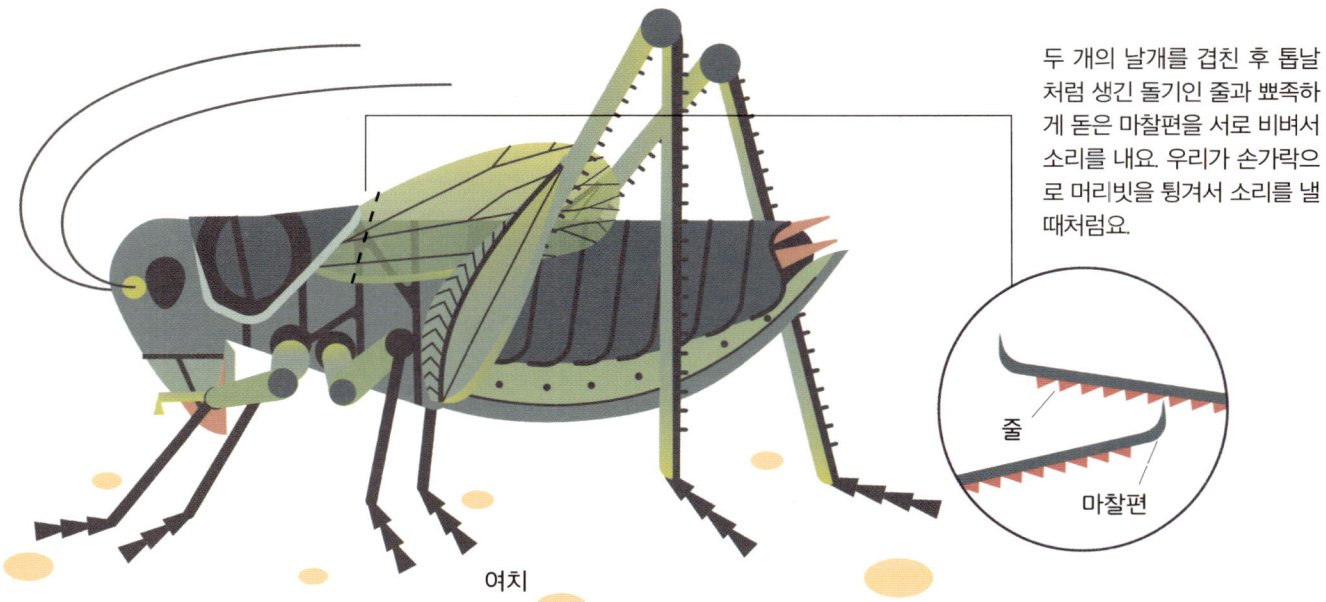

귀뚜라미와 여치에게 울음소리는 정보를 전달하는 중요한 방법이에요. 울음소리의 음높이와 빈도를 달리해 뜻을 표현해요.

● 밤이 되면 귀뚜라미는 자신의 영역에 들어오는 다른 동성 귀뚜라미에게 경고하고 이성 귀뚜라미를 유혹하기 위해 우렁차고 긴 울음소리를 내요.

곤충의 날개는 노래도 할 줄 안다고?

많은 곤충이 소리를 낼 줄 알아요. 우리 인간은 성대를 통해 소리를 내지요. 그렇다면 곤충은 어떻게 소리를 낼까요?

날개로 노래하는 귀뚜라미와 여치

여름이 끝나갈 즈음 야외의 풀숲이나 흙더미 주변에서 귀뚜라미와 여치 울음소리를 들어 본 적이 있나요? 성대가 없는 곤충은 어떻게 소리를 낼까요?

두 개의 날개를 겹친 후 톱날처럼 생긴 돌기인 줄과 뾰족하게 돋은 마찰편을 서로 비벼서 소리를 내요. 우리가 손가락으로 머리빗을 튕겨서 소리를 낼 때처럼요.

여치

줄
마찰편

귀뚜라미와 여치는 날개로 소리를 내요. 이 곤충들의 앞날개 밑에는 작은 돌기처럼 생긴 마찰편과 톱니 모양의 줄이 있어서 두 날개를 좌우로 비비면 마찰편이 줄을 울리면서 듣기 좋은 소리를 내지요.

● 두 마리의 수컷 귀뚜라미가 영역, 먹이 또는 짝을 놓고 다툼을 벌일 때는 낮으면서도 빠른 울음소리를 내요.

영역 다툼 중인 수컷 귀뚜라미들.

공기의 흐름을 이용해 소리를 내는 바퀴

곤충은 날개뿐만 아니라 다른 방법으로도 소리를 내요. 아프리카 마다가스카르섬에 사는 마다가스카르 휘파람바퀴도 소리를 낼 줄 알아요. 이 바퀴벌레는 겁을 먹었을 때 쉭쉭 거리는 소리를 내는데, 배에 나 있는 숨구멍을 통해 공기를 몸속으로 빠르게 빨아들여서 소리를 낸답니다.

이 검은 점들이 바로 숨구멍이에요.

마다가스카르휘파람바퀴

고막을 흔들어서 소리를 내는 매미

한여름이 되면 매미는 나뭇가지 위에서 목이 쉴 때까지 울음소리를 내지요. 그런데 귀뚜라미나 여치와 달리 매미는 날개를 비벼서 소리를 내지 않아요. 수컷 매미의 배 부분에는 고막으로 덮인 발성 기관이 있어요. 그래서 수컷 매미는 고막을 흔들어 진동시키는 방법으로 우렁찬 울음소리를 내요.

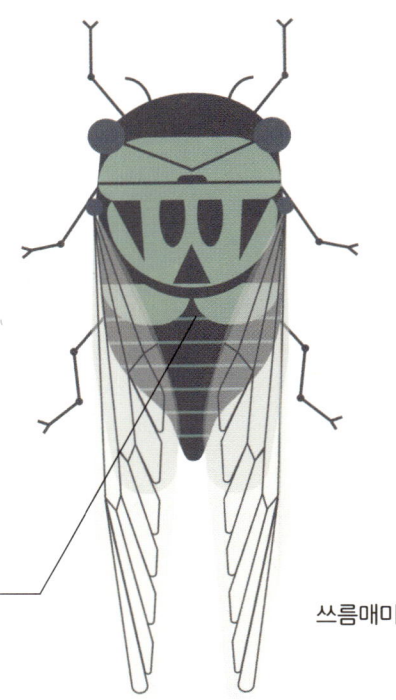

쓰름매미

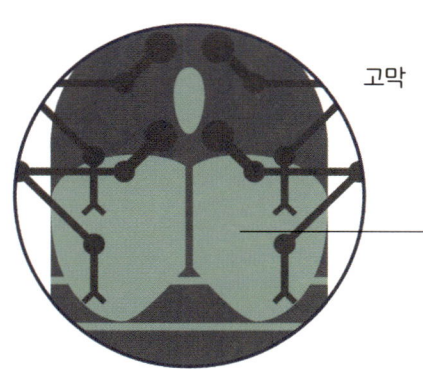

고막

갑옷 같은 딱정벌레목 곤충의 날개

곤충 중에는 두꺼운 껍질 같은 날개를 가진 곤충들이 아주 많아요. 이런 곤충들을 딱정벌레목 곤충이라고 불러요. 딱정벌레목 곤충은 두 쌍의 날개를 가지고 있는데, 그중 한 쌍의 앞날개는 딱딱하게 변해서 마치 단단한 갑옷 같아요. 반대로 얇은 막처럼 생긴 한 쌍의 뒷날개는 언제나 앞날개 아래 감춰져 있어서 잘 보이지 않아요.

단단한 갑옷 앞날개

딱정벌레목 곤충은 앞날개를 모아서 등을 잘 덮어 둬요. 이때 앞날개는 마치 칼날을 보호하는 칼집처럼 뒷날개와 몸통을 보호해 줘요. 그래서 이런 모양의 날개를 딱지날개라고 불러요. 앞날개는 매우 단단하지만, 비행할 때는 사용하지 않아요.

얼핏 보면 둔하게 생긴 것 같지만, 앞날개는 사실 가장자리 속에 구멍이 나 있어요. 앞날개 중간 부분은 얇고 가장자리는 두꺼워서 두께도 고르지 않아요. 이런 앞날개의 구조는 무게를 크게 줄여서 딱정벌레목 곤충의 비행을 도와줘요.

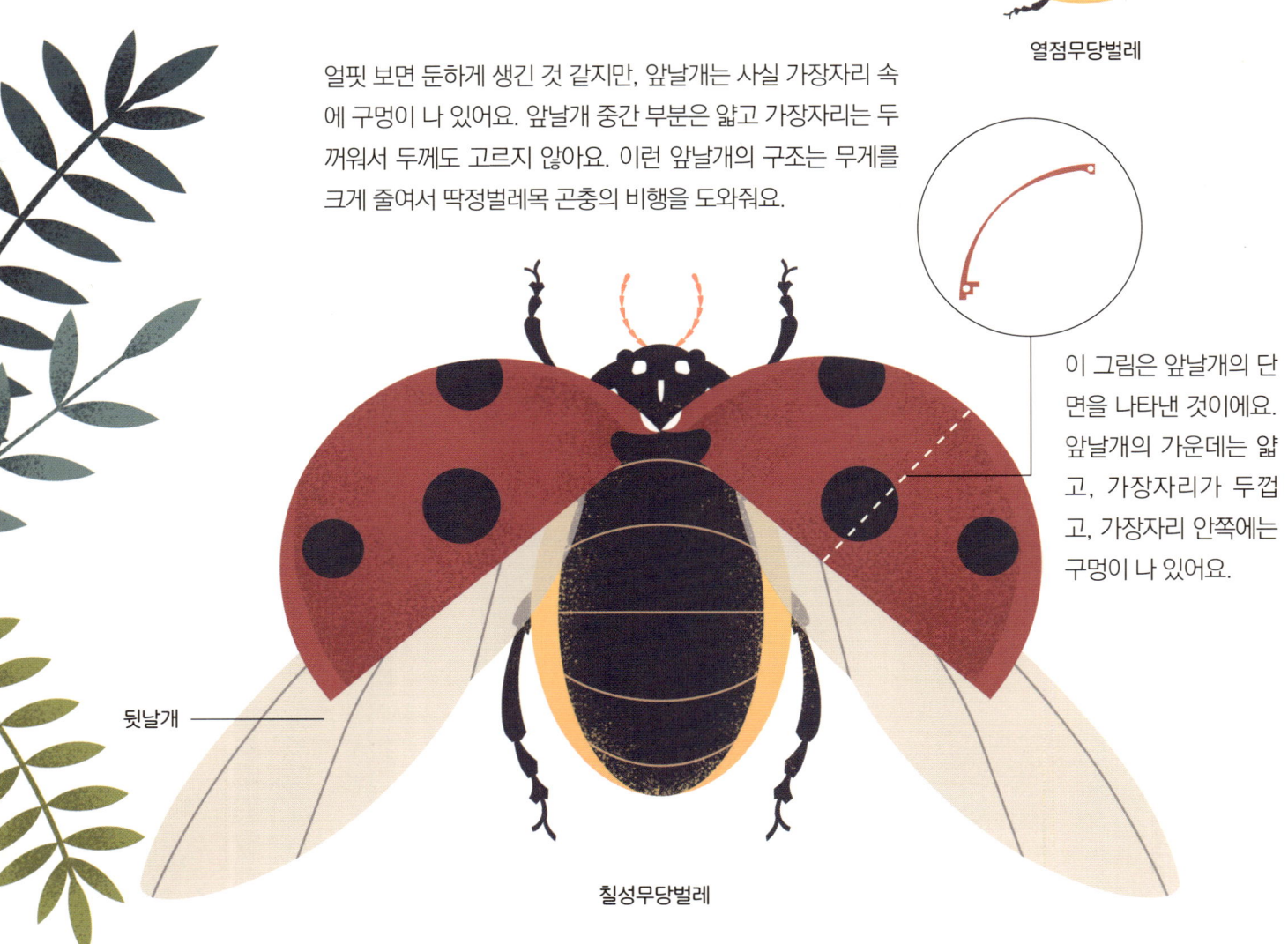

열점무당벌레

이 그림은 앞날개의 단면을 나타낸 것이에요. 앞날개의 가운데는 얇고, 가장자리가 두껍고, 가장자리 안쪽에는 구멍이 나 있어요.

뒷날개

칠성무당벌레

비행을 위해 접을 수 있는 뒷날개

딱정벌레목 곤충의 뒷날개는 얇은 막처럼 생겼어요. 날지 않을 때 딱정벌레목 곤충은 뒷날개를 접어서 앞날개 아래에 숨겨 두는데, 더 잘 접을 수 있게 뒷날개에 주름이 많이 나 있어요. 딱정벌레목 곤충은 주로 이 뒷날개를 이용해서 날아다녀요.

1. 길앞잡이
2. 콜로라도감자잎벌레
3. 나리딱정벌레
4. 왈리치사슴풍뎅이
5. 바이올린딱정벌레
6. 왕풍뎅이
7. 루리하늘소
8. 쇠똥구리
9. 반딧불이
10. 꽃무지
11. 바구미
12. 앞장다리하늘소
13. 헤라클레스왕장수풍뎅이
14. 비단벌레
15. 칠성무당벌레
16. 골리앗왕꽃무지

비단 같은 나비목 곤충의 날개

나비의 날개는 아주 아름다워요. 나비는 종류도 아주 많고 전 세계 곳곳에서 아주 많이 살아요. 그중 중국에만 사는 텡그제비나비와 중국애호랑나비, 브라질에만 사는 메넬라우스모르포나비, 오스트레일리아에만 사는 율리시스제비나비처럼 특정한 지역에만 사는 나비도 많아요. 나비의 날개는 날개를 이루는 막인 날개막과 비늘로 이루어져 있고, 비늘은 날개막을 덮고 있어요. 날개막은 꼭 얇은 막처럼 생겼고, 비늘은 물고기의 비늘처럼 생겼어요.

나비 날개를 손으로 만져 보면 가루처럼 생긴 것이 떨어지는데 이것이 바로 날개의 비늘이에요. 그래서 나비와 같은 곤충의 날개를 '비늘이 있는 날개'라는 뜻에서 한자 '비늘 인'과 '날개 시'를 합쳐서 '인시목 곤충'이라고 불러요.

텡그제비나비

나방과 나비는 친척이지만 생활 습성이 많이 달라요.

나비

나비는 주로 낮에 활동해서 볼 기회가 많아요. 그런데 사실 나비보다 나방의 종류가 훨씬 많답니다.

- 나비의 더듬이는 대개 중간은 가늘고 길면서, 끝으로 갈수록 두께가 두꺼워지는 막대 모양이에요.

- 나비는 날지 않을 때 날개를 접어서 등에 착 붙인 채로 쉬어요.

- 선명한 색깔의 나비 날개는 경계색의 역할도 하고, 친구들과 이야기를 주고받을 때도 사용돼요.

나방

나방은 대부분 밤에 나타나지만, 빛을 향해 날아가는 걸 좋아해요.

- 나방의 더듬이는 다양한 모양인데, 주로 실 모양, 빗 모양, 깃털 모양이에요.

- 나방은 날지 않을 때 날개를 양쪽으로 활짝 펼친 채 쉬어요.

- 나방의 날개는 대부분 회색이나 황토색처럼 칙칙한 색깔이에요. 주변 환경과 닮은 이런 색깔의 날개는 보호색의 역할을 해요.

면사포 같은 벌목 곤충의 날개

꿀벌, 잠자리 그리고 모기와 같은 곤충의 날개는 거의 투명하게 보여요. 이런 곤충들의 날개는 몸통을 보호해 주는 딱딱한 딱정벌레목 곤충의 딱지날개와 다르게 생겼고, 예쁘면서 천적을 쫓아내는 역할도 하는 나비의 비늘 날개와도 다르게 생겼어요. 그럼 이 얇은 날개에 어떤 비밀이 숨어 있을까요?

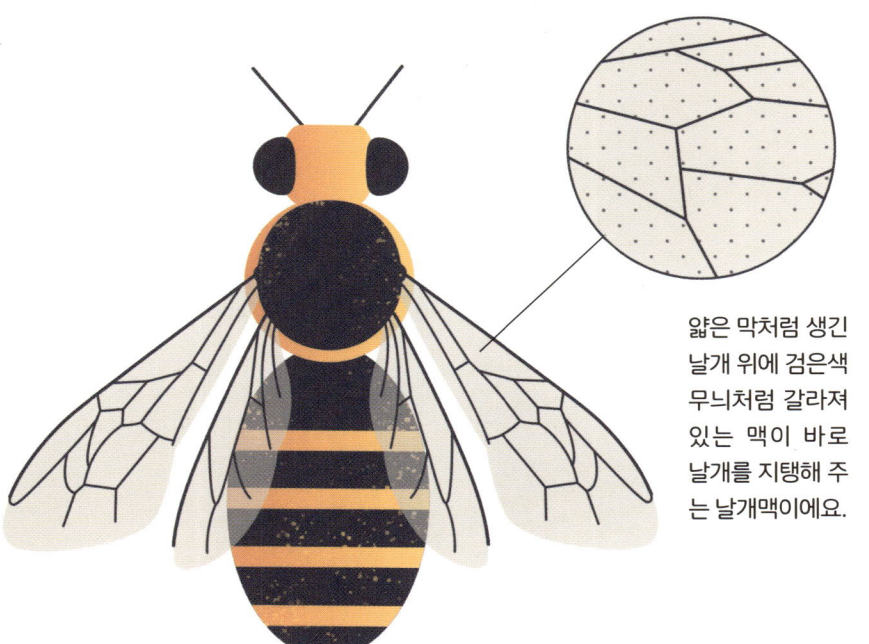

얇은 막처럼 생긴 날개 위에 검은색 무늬처럼 갈라져 있는 맥이 바로 날개를 지탱해 주는 날개맥이에요.

얇은 막 날개의 정교한 구조

벌목 곤충의 날개는 꼭 음식 포장에 쓰는 랩처럼 얇은 막으로 이뤄져서 한자 '꺼풀 막'과 '날개 시'를 사용해 '막시'라고 불러요.

막시는 얇고 가볍지만 구조가 아주 정교해요. 가로세로로 뻗은 날개맥이 날개를 여러 개의 작은 구역으로 나누고, 각 구역은 모두 반투명한 막으로 되어 있죠. 이런 구조는 날개의 무게를 줄이고, 잘 부러지지 않게 해 줘요.

방수가 되는 얇은 막 날개

곤충의 막 날개는 아주 얇아서 대개 몇 마이크로미터밖에 되지 않아요. 인쇄용지 두께의 10분의 1도 채 되지 않는답니다. 또 이렇게 가볍고 얇은 날개 막의 겉면은 기둥 모양의 구조로 만들어져 물방울이 날개 막 위에 남아 있지 않도록 도와줘요. 그래서 곤충이 빗방울에 날개가 젖어 날지 못하는 일이 벌어지지 않아요.

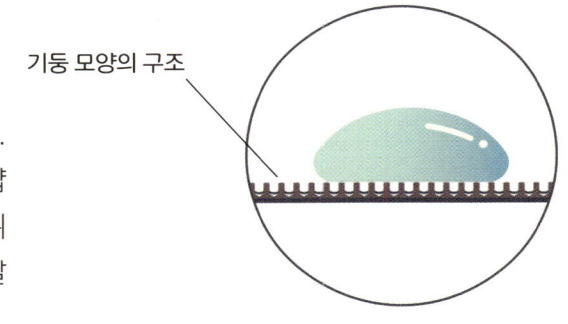

기둥 모양의 구조

얇은 막 날개를 가진 다른 곤충

잠자리나 실잠자리처럼 얇은 막 날개를 가진 곤충들이 많아요. 또 앞에서 설명했던 딱정벌레목 곤충의 뒷날개도 얇은 막 날개랍니다.

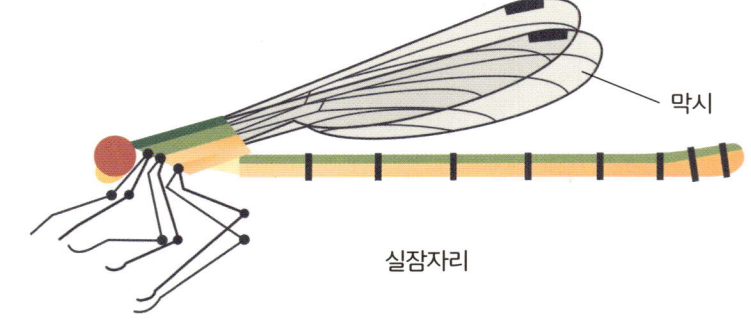

막시

실잠자리

꿀벌만 가진 날개 갈고리

각각 한 쌍씩 있는 꿀벌의 앞날개와 뒷날개는 모두 막으로 이루어졌어요. 그런데 특이하게 꿀벌의 앞날개와 뒷날개 사이에 앞, 뒷날개를 연결하는 갈고리 모양의 '시구'라는 것이 있어요. 그래서 하늘을 날 때 앞, 뒷날개가 한 개의 날개처럼 움직일 수 있어요.

짧은 흰색 선은 날가 갈고리를 나타내요.

꿀벌은 매우 부지런하고, 해야 할 일을 가족끼리 분명하게 나눠서 하는 사회적 곤충이에요. 꿀벌 가족 중 일벌은 매일 꽃을 찾아다니며 바쁘게 꿀을 모으다가 꿀을 얻을 수 있는 새 장소를 발견하면 특별한 춤을 춰서 친구들에게 장소를 알려 줘요. 또, 날개를 떨어 다양한 소리를 내 여러 소식을 전해 주기도 한답니다.

가죽옷 같은 집게벌레목 곤충의 날개

집게벌레라는 곤충이 있어요. 집게벌레목에 속하는 이 곤충의 앞날개는 두껍고 가죽 같아 가죽 날개라고 불려요. 날개가 있지만 집게벌레의 비행 능력은 아주 낮아서 주로 땅에서 생활해요. 낮에는 흙, 낙엽 또는 바위틈에 숨어 있다 밤이 되어야 밖으로 나와 활동하기 때문에 이 독특한 모습의 곤충은 우리 눈에 잘 띄지 않아요.

그림 속에 집게벌레가 몇 마리나 있을까요? 한번 찾아보세요.

집게벌레목 곤충의 모습
집게벌레목 곤충은 가죽 같은 날개뿐만 아니라 집게 달린 꼬리도 있어요.

집게 모양 꼬리
집게벌레목 곤충은 집게 달린 꼬리가 있어 아주 사나워 보여요. 집게는 먹이 사냥뿐만 아니라 천적에게서 몸을 지키는 용도로도 사용해요. 그래서 집게벌레목 곤충은 '가위벌레'라는 별명이 있어요.

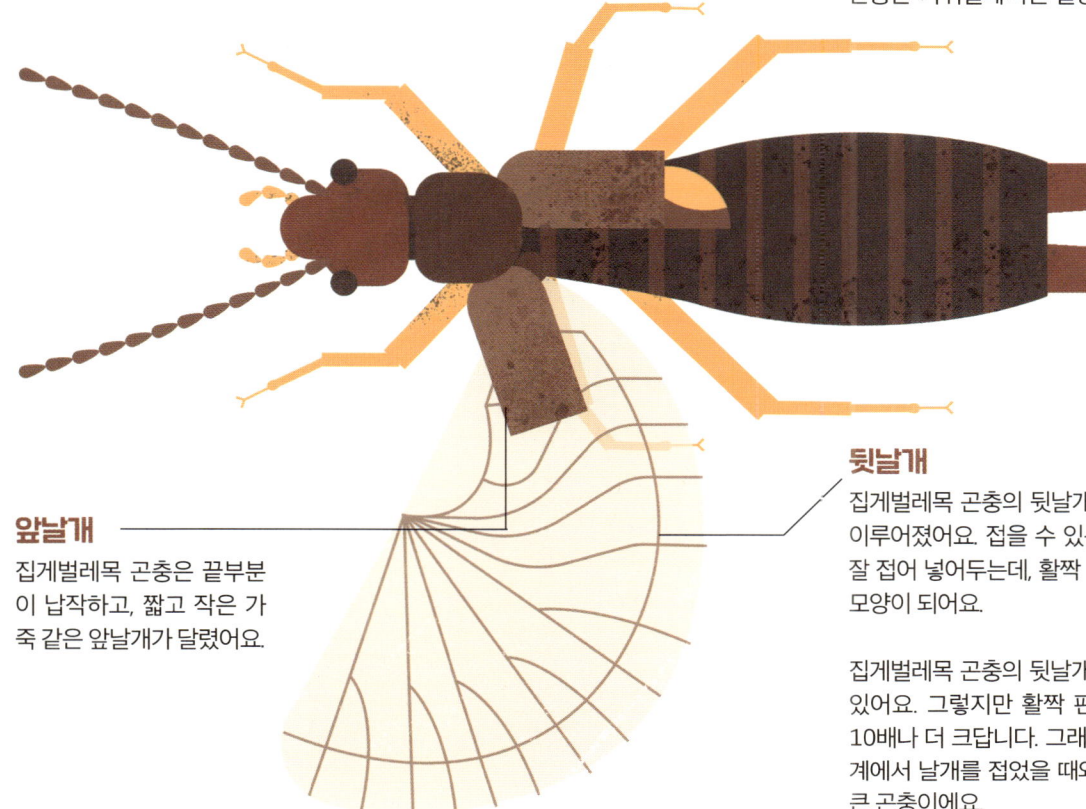

집게벌레목 곤충

앞날개
집게벌레목 곤충은 끝부분이 납작하고, 짧고 작은 가죽 같은 앞날개가 달렸어요.

뒷날개
집게벌레목 곤충의 뒷날개는 넓고 크며, 얇은 막으로 이루어졌어요. 접을 수 있는 뒷날개는 앞날개 아래에 잘 접어 넣어두는데, 활짝 펴면 부채꼴 모양이나 반원 모양이 되어요.

집게벌레목 곤충의 뒷날개는 놀랄 만큼 작게 접을 수 있어요. 그렇지만 활짝 편 뒷날개는 접었을 때보다 10배나 더 크답니다. 그래서 집게벌레목 곤충은 자연계에서 날개를 접었을 때와 펼쳤을 때의 차이가 가장 큰 곤충이에요.

더 신기한 점은 집게벌레목 곤충은 뒷날개에 관절이 있어서 활짝 날개를 펼친 후 관절을 고정하면 뒷날개가 빳빳해진다는 거예요. 이렇게 관절을 고정해 두면 날개를 펼친 상태를 쉽게 유지할 수 있어요.

가죽 날개가 있는 다른 곤충
가죽 날개가 달린 다른 곤충도 많이 있어요.

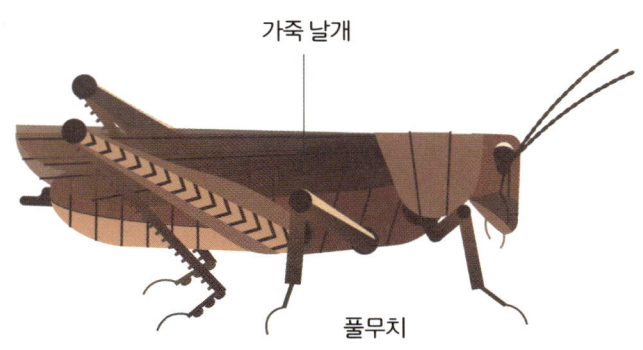

가죽 날개

풀무치

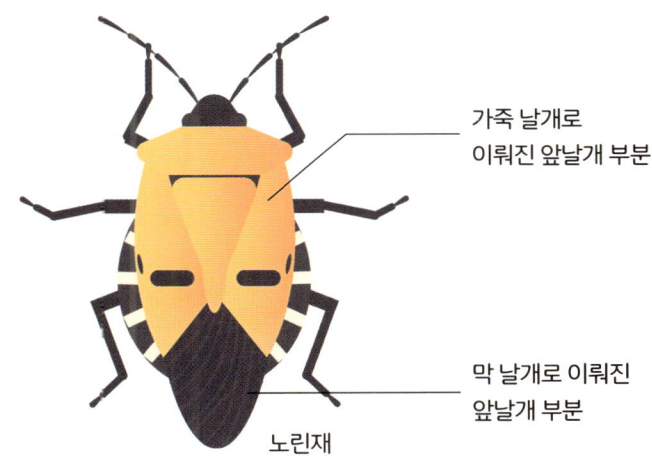

가죽 날개로 이뤄진 앞날개 부분

막 날개로 이뤄진 앞날개 부분

노린재

풀무치, 메뚜기, 귀뚜라미와 같은 곤충의 앞날개도 가죽 날개예요. 그런데 이 곤충들의 가죽 날개는 집게벌레목 곤충보다 훨씬 길고, 날개맥은 매우 곧아요.

노린재의 앞날개 중에서 몸통과 가까운 부분은 가죽 날개지만, 아래로 내려갈수록 막으로 이뤄진 날개로 변해요. 뒷날개는 완전히 막으로만 이루어졌고, 앞날개 아래에 보관해 둔답니다.

날개가 적어도 빨리 날 수 있어

대부분의 곤충은 두 쌍의 날개가 있지만, 한 쌍의 날개만 있는 곤충도 있어요. 우리가 흔히 볼 수 있는 파리와 모기가 바로 한 쌍의 날개만 있는 곤충이에요.

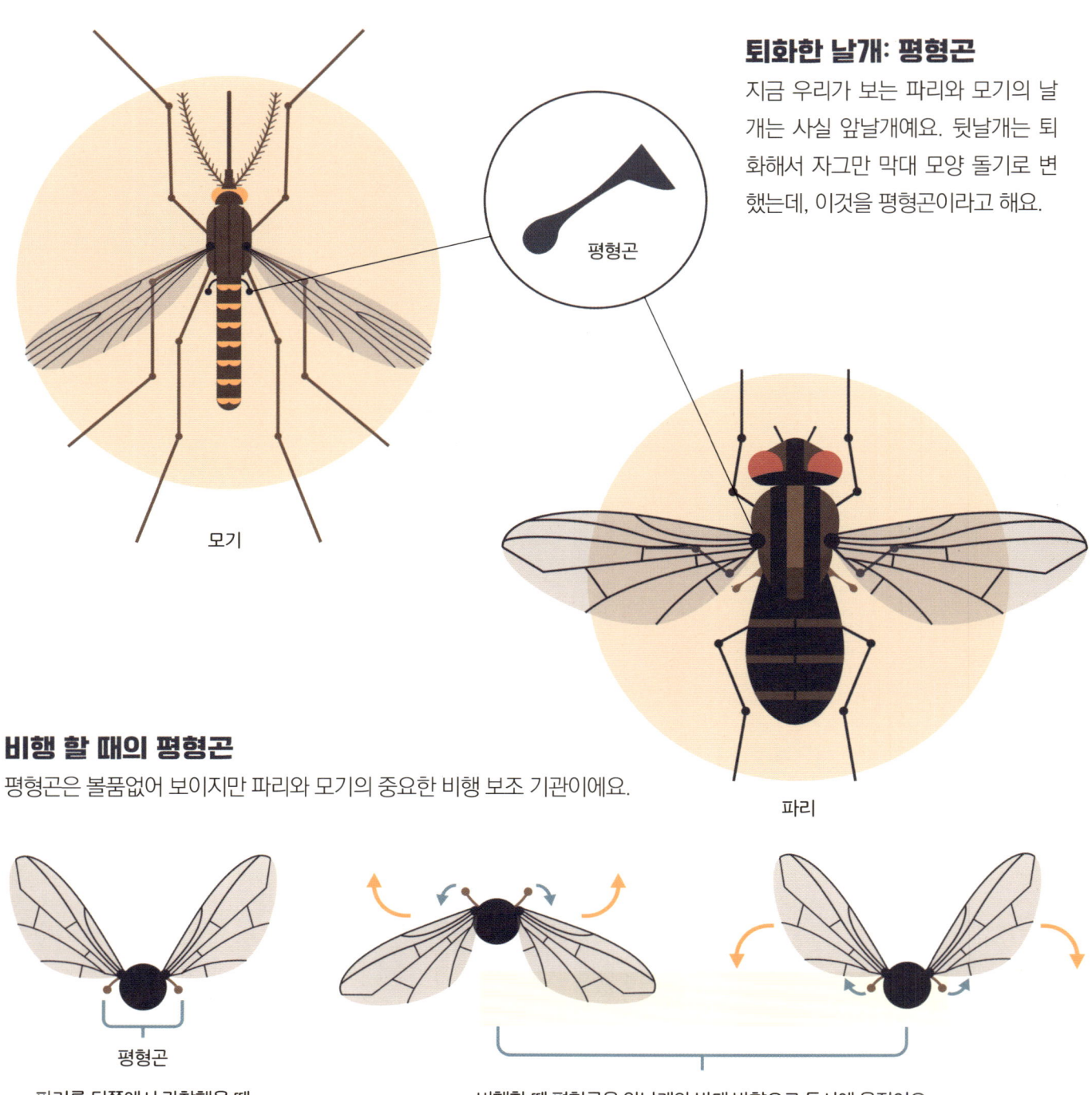

퇴화한 날개: 평형곤
지금 우리가 보는 파리와 모기의 날개는 사실 앞날개예요. 뒷날개는 퇴화해서 자그만 막대 모양 돌기로 변했는데, 이것을 평형곤이라고 해요.

비행 할 때의 평형곤
평형곤은 볼품없어 보이지만 파리와 모기의 중요한 비행 보조 기관이에요.

파리를 뒤쪽에서 관찰했을 때 / 비행할 때 평형곤은 앞날개와 반대 방향으로 동시에 움직여요.

파리가 공중을 날 때 평형곤은 앞날개와 반대 방향으로 동시에 움직여요. 그런데 파리가 날아가는 방향이 바뀌면 이런 규칙적인 움직임 상태에 변화가 생기기 때문에 평형곤은 파리의 뇌에 상태가 달라졌다는 정보를 전달해요. 그러면 이때 뇌는 몸통의 균형을 잡고, 안전하게 비행할 수 있게 비행 방향을 바꾸라는 지시를 내려요.

일상생활에서 파리나 모기를 잡기란 몹시 어려운 일이지요. 이것도 평형곤과 관련이 있어요. 평형곤은 위험과 마주했을 때 파리와 모기가 재빠르게 반응하고, 알맞은 길을 골라서 도망갈 수 있게 도와줘요. 또 쏜살같이 빠르게 날 때도 파리와 모기는 평형곤을 이용해 언제든지 비행 방향을 바꿀 수 있어요. 그래서 어떤 방향에서 공격을 받아도 잽싸게 피할 수 있지요.

파리에게만 있는 추가 장점

모기보다 파리가 훨씬 민첩해요. 잘 발달한 겹눈이 있는 파리는 모든 방향에서 주변 환경을 관찰할 수 있기 때문이지요. 또 파리는 가슴에 두 개의 고막이 있어요. 파리는 이 고막을 이용해 소리가 나는 방향과 속도를 빨리 알아차리고 곧바로 반응할 수 있어요.

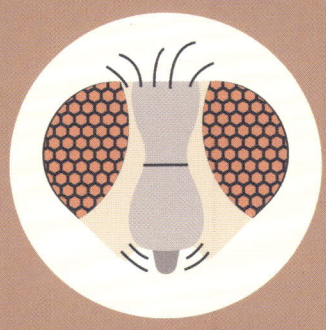

날개를 자라게 할까, 말까?

그거 아세요? 생활 환경의 차이에 따라 어떤 곤충은 날개 달린 후손을 낳기도 하고, 날개가 없는 후손을 낳기도 해요. 진딧물이 가장 대표적인 곤충이에요.

❶ 보통 진딧물은 날개가 없어요. 진딧물은 한 식물에 자리를 잡아 머물러 지내면서 그 식물의 즙이나 액을 빨아먹으며 살아요.

❷ 하지만 이 식물에서 사는 진딧물이 너무 많거나, 식물이 곧 죽을 것 같을 때 암컷 진딧물은 날개 달린 후손을 낳아요.

❸ 이 후손 진딧물은 바람을 타고 다른 식물로 옮겨가 새로운 보금자리를 짓고 살아요.

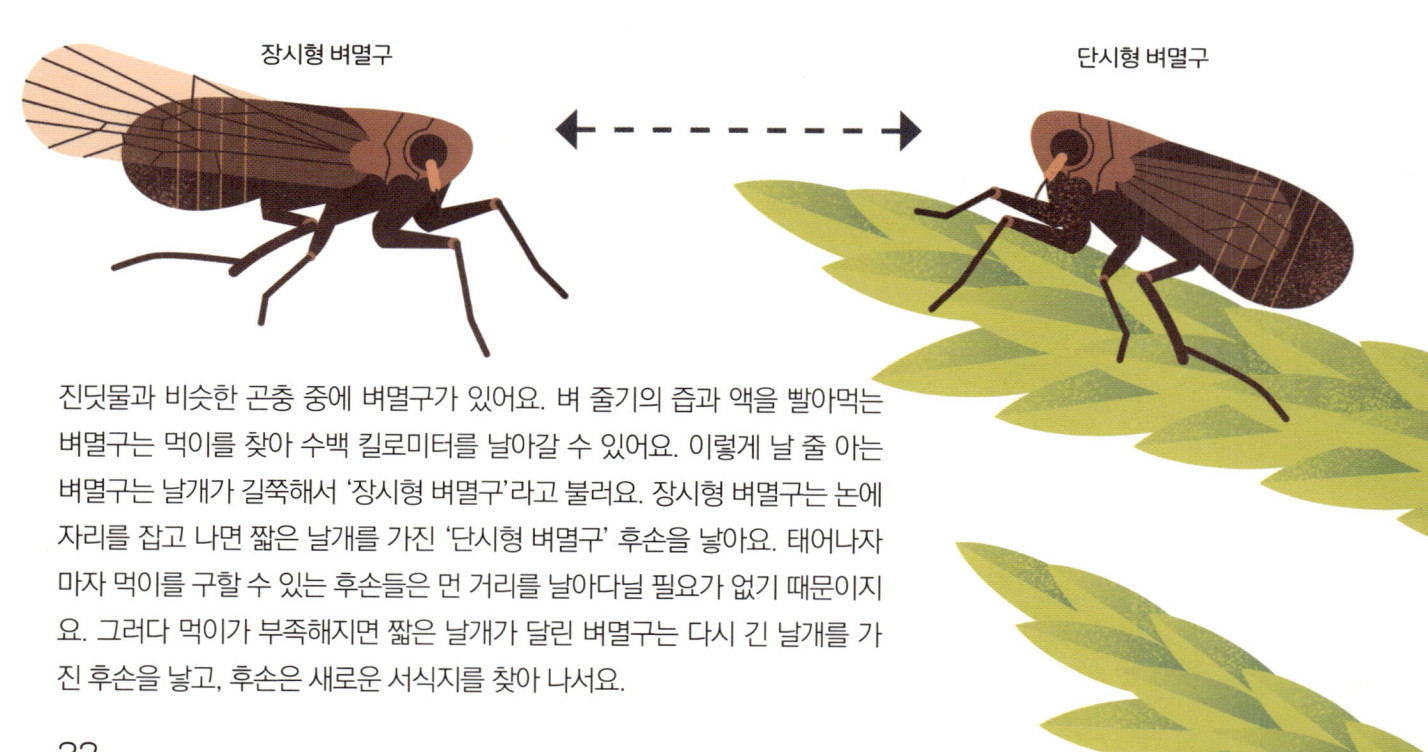

진딧물과 비슷한 곤충 중에 벼멸구가 있어요. 벼 줄기의 즙과 액을 빨아먹는 벼멸구는 먹이를 찾아 수백 킬로미터를 날아갈 수 있어요. 이렇게 날 줄 아는 벼멸구는 날개가 길쭉해서 '장시형 벼멸구'라고 불러요. 장시형 벼멸구는 논에 자리를 잡고 나면 짧은 날개를 가진 '단시형 벼멸구' 후손을 낳아요. 태어나자마자 먹이를 구할 수 있는 후손들은 먼 거리를 날아다닐 필요가 없기 때문이지요. 그러다 먹이가 부족해지면 짧은 날개가 달린 벼멸구는 다시 긴 날개를 가진 후손을 낳고, 후손은 새로운 서식지를 찾아 나서요.

개미

개미 가족 중 후손 번식을 담당하지 않는 개미는 날개가 없고 날 수도 없어요.

날개 없는 곤충

대부분의 곤충은 날 수 있지만, 날개가 없어서 전혀 날지 못하는 곤충도 있어요.

좀

몇몇 원시적인 곤충은 날개가 있는 모습으로 진화하지 못하고 사라졌지만 '좀'처럼 오늘날까지 살아남은 종도 있어요. 좀은 대부분 오래된 책에 살아요.

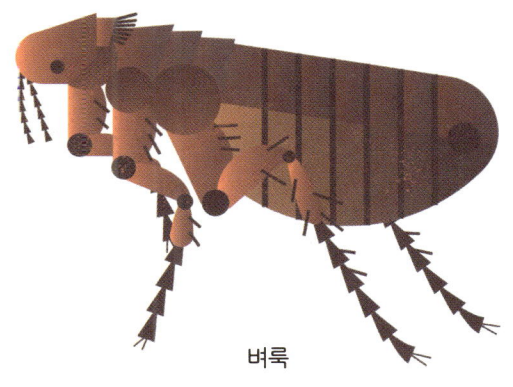

벼룩

과거에는 날개가 있었지만 생활 방식이 변하면서 점차 날개가 퇴화하고, 심지어 사라져 버린 곤충도 있어요. 벼룩, 빈대와 같은 기생성 곤충은 날개가 퇴화한 대표적인 곤충이에요.

날개가 어디 갔지?

날개는 곤충에게 아주 중요해요. 환경에 더 잘 적응하고, 오랫동안 살아남을 수 있게 해 주거든요. 그런데 흰개미는 왕개미와 여왕개미만 날개가 있고, 나머지 흰개미는 날개가 없어요. 날개는 흰개미 가족을 계속 유지하는 데 필요하지만, 영원히 달려 있지는 않아요.

개미, 꿀벌처럼 흰개미도 사회적 동물이에요. 흰개미 가족은 일반적으로 왕개미, 여왕개미, 일개미, 병정개미 등으로 등급이 나뉘고, 등급별로 일도 확실히 나눠 맡아요. 또 흰개미는 후손을 낳느냐 아니냐에 따라 생식형 흰개미와 비생식형 흰개미로 나뉘어져요.

장두형 병정개미의 머리   비상형 병정개미의 머리

병정개미
가족을 보호하는 일을 맡은 병정개미의 생김새는 모두 달라요. 턱이 아주 큰 '장두형 병정개미'가 있고, 머리 부분에 뿔 같은 노즐이 튀어나온 '비상형 병정개미'가 있어요.

일개미
일개미는 흰개미 가족 중 수가 제일 많아요. 주로 먹이를 찾고 애벌레를 키우는 등의 일을 담당해요.

흰개미 가족

비생식형
일개미, 병정개미 등 생식을 할 수 없는 흰개미는 가족의 일꾼이자 수호자예요.

생식형
왕개미와 여왕개미의 임무는 새로운 가족 구성원을 번식하는 것이에요.

결혼 비행
매년 봄과 여름이 되면 왕개미와 여왕개미는 개미집 밖으로 날아가 자유롭게 짝을 짓는데 이 현상을 결혼 비행이라고 해요.

날개 달린 흰개미
흰개미 가족 중 왕개미와 여왕개미만 날개가 있어요. 그래서 날개가 달렸다는 뜻에서 '유시충'이라고도 불려요. 유시충 흰개미는 크기와 모양이 거의 같은 두 쌍의 좁고 긴 날개가 달렸어요.

떨어지는 날개
왕개미와 여왕개미가 짝을 짓고 나면 땅에 내려와 적당한 장소를 찾고 새로운 가족을 꾸려요. 왕개미와 여왕개미의 날개는 결혼 비행을 마친 후 자연스럽게 떨어져요.

여왕개미

왕개미

암컷과 수컷 중 누가 더 예쁠까?

자연에서 암컷과 수컷은 생김새가 다른데, 이런 현상을 생물학적으로 '성적 이형'이라고 불러요. 예를 들어 수사자는 긴 갈기가 있지만 암사자는 아무것도 없는 것처럼요. 곤충도 마찬가지예요. 암컷과 수컷의 날개에 뚜렷한 차이점이 있는 곤충도 있어요.

수컷 나비와 암컷 나비의 날개 색깔이 다른 경우가 많아서 우리는 같은 종의 나비가 아니라고 자주 오해하곤 해요. 예를 들어 세상에서 가장 큰 나비인 알렉산드라비단제비나비 암컷의 날개는 수컷보다 훨씬 커요. 하지만 수컷의 날개는 색깔이 훨씬 더 선명하지요.

수컷 나비   암컷 나비
알렉산드라비단제비나비

나비의 날개 색깔이 다른 이유는 암컷 나비가 수컷 나비를 잘 알아볼 수 있게 하려고 그렇게 된 거예요. 수컷 파리스보라제비나비는 뒷날개에 눈에 잘 띄는 짙고 푸른 비취색 반점이 있어요. 암컷 나비가 수컷 나비를 쉽게 알아볼 수 있게 하는 이 반점은 나비의 번식에 아주 중요한 역할을 해요.

비취색 반점

파리스보라제비나비

수컷

부채벌레목 곤충

암컷

부채벌레목 곤충은 암컷과 수컷의 차이가 아주 커요. 부채벌레목 곤충은 애벌레 때부터 다른 곤충의 몸속에 기생해 살아요. 그러다가 다 자라고 나면 날개가 생긴 수컷은 숙주 곤충 몸에서 나와 자유롭게 생활하지만, 날개가 자라지 않는 암컷은 영원히 숙주 곤충을 떠날 수 없어요.

곤충은 얼마나 빨리 날 수 있을까?

곤충은 매우 뛰어난 비행 기술을 가지고 있어요. 곤충은 끊임없이 날개를 파닥이며 움직여서 비행하는 상태를 유지하고, 날개의 각도를 조절해서 비행 방향을 조정하지요. 날아다니는 능력 덕분에 곤충은 전 세계 곳곳에 발자국을 남길 수 있게 되었어요. 그럼 곤충의 비행과 관련해 또 어떤 재미난 사실이 있는지 알아볼까요?

곤충은 얼마나 빨리 날 수 있을까?

곤충별로 비행 속도는 크게 차이 나요. 가장 빠르게 나는 곤충인 호주왕잠자리는 최고 시속 58킬로미터로 날 수 있어요. 그런데 비행 속도가 다소 느린 파리는 시속 8킬로미터 정도밖에 날지 못해요. 일반적으로 호랑나비와 꿀벌은 시속 20킬로미터 정도를 날지요. 고속도로에서 빠르게 달리는 자동차는 시속 100킬로미터 정도로 달린답니다.

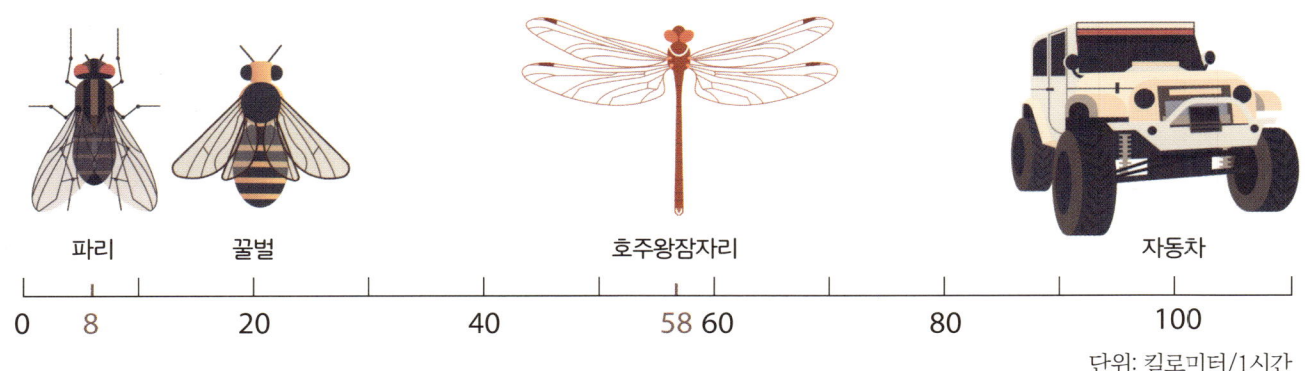

단위: 킬로미터/1시간

곤충은 얼마나 빠르게 날갯짓을 할 수 있을까?

곤충은 비행할 때 1초당 셀 수 없이 많은 날갯짓을 해요. 얼마나 빠른지 정확하게 셀 수도 없을 정도랍니다.

나비 초당 5~9차례

꿀벌 초당 230여 차례

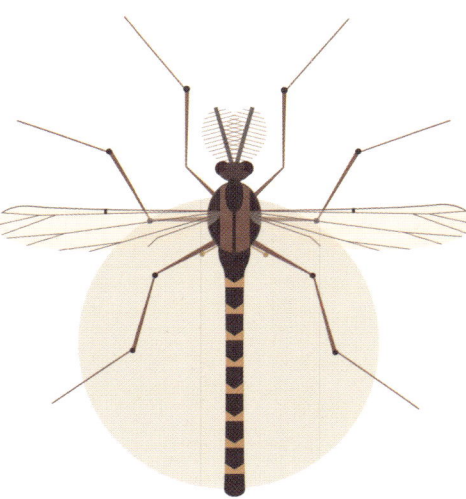

깔따구 초당 1000여 차례

날개에 숨은 비밀

잠자리와 꿀벌은 모두 두 쌍의 막으로 이뤄진 날개를 가지고 있어요. 날개맥과 날개막의 결합으로 날개의 무게를 줄이는 것 말고 두 쌍의 막질 날개에 또 어떤 비밀이 있을까요?

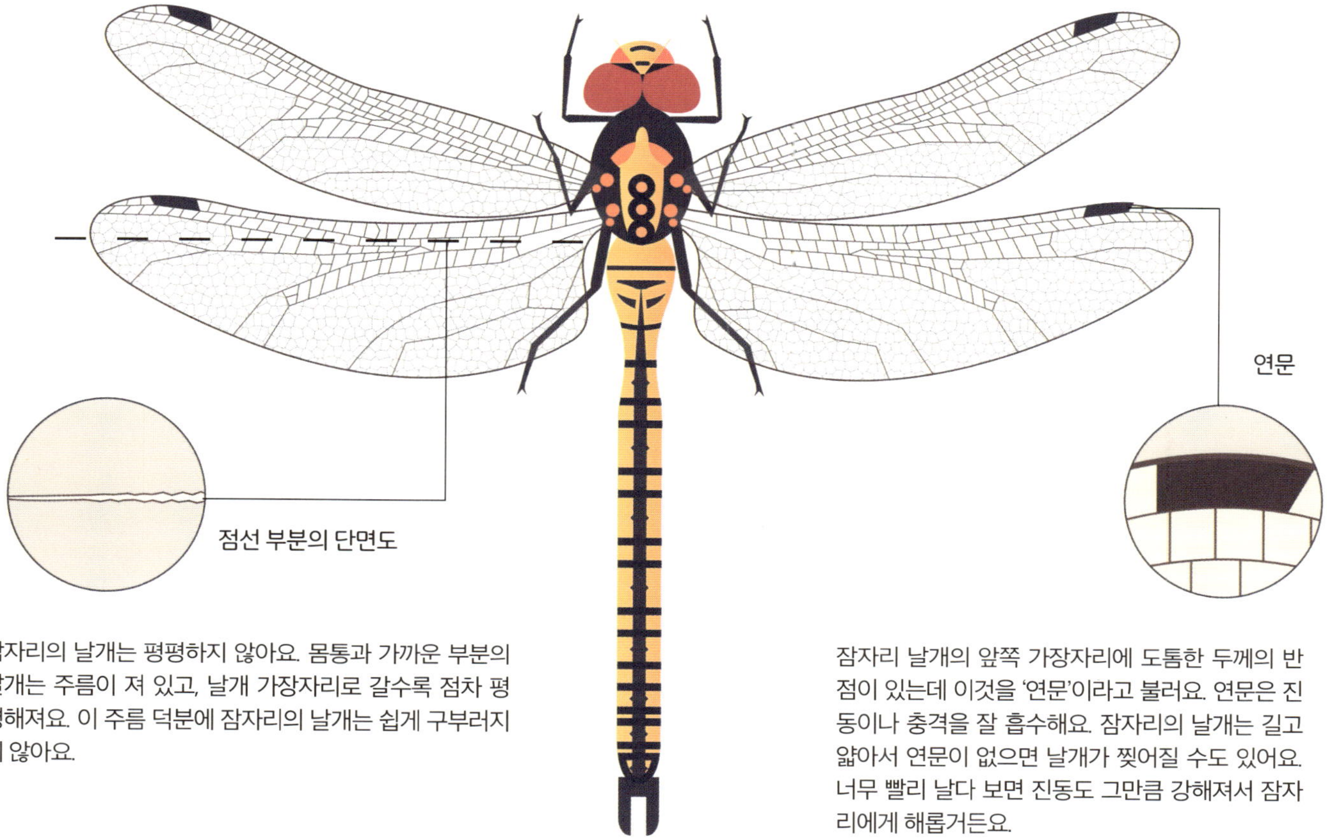

점선 부분의 단면도

연문

잠자리의 날개는 평평하지 않아요. 몸통과 가까운 부분의 날개는 주름이 져 있고, 날개 가장자리로 갈수록 점차 평평해져요. 이 주름 덕분에 잠자리의 날개는 쉽게 구부러지지 않아요.

잠자리 날개의 앞쪽 가장자리에 도톰한 두께의 반점이 있는데 이것을 '연문'이라고 불러요. 연문은 진동이나 충격을 잘 흡수해요. 잠자리의 날개는 길고 얇아서 연문이 없으면 날개가 찢어질 수도 있어요. 너무 빨리 날다 보면 진동도 그만큼 강해져서 잠자리에게 해롭거든요.

잠자리

곤충은 얼마나 멀리 날 수 있을까?

풀무치는 먹이가 부족해지면 먹이를 찾아 종종 수백 킬로미터 떨어진 곳까지 떼를 지어 날아가요.

풀무치

곤충에서 영감받은 발명

인간에게 대자연은 영감의 원천이지요. 다양하고 신기한 곤충의 날개도 인간의 과학 연구와 예술에 끊임없이 영감을 주고 있어요.

잠자리의 연문에서 얻은 영감: 평형추

초창기 비행기는 비행 중에 진동 때문에 날개가 부러지는 사고가 가끔씩 일어났어요. 당시 엔지니어들은 이 문제 때문에 항상 고민했지요. 마침내 사람들은 잠자리의 연문에서 영감을 얻었어요.

잠자리의 연문은 날개가 받는 불안정한 진동을 제어하는 기능을 해요. 그래서 사람들은 비행기 날개 안쪽에 연문과 비슷한 역할을 하는 평형추를 달아 날개가 부러지는 문제를 해결했어요.

파리의 평형곤에서 얻은 영감: 진동 자이로스코프

파리의 평형곤은 길을 안내해 주는 내비게이션 같은 역할을 해요. 그래서 과학자들은 평형곤의 원리를 사용해 진동 자이로스코프를 발명했고, 비행기, 선박, 로켓에 활용했어요. 배나 비행기가 경로를 벗어나면 자이로스코프가 이것을 알아차리고, 방향을 조종하는 장치인 방향타에 신호를 전송해 방향을 교정하게 한답니다.

매미의 날개에서 얻은 영감: 코팅 프라이팬

매미의 막질 날개 겉면은 꿀벌 날개처럼 규칙적으로 배열된 작은 기둥 구조로 이루어졌어요. 과학자들은 공기는 잘 통하면서 물방울과 날개가 맞닿지 않게 해 주는 기둥 모양의 구조 덕분에 매미 날개가 물에 잘 젖지 않으면서도 스스로 깨끗한 상태를 유지하는 능력인 '자정 능력'을 갖추게 되었다고 생각했어요. 음식이 들러붙지 않는 코팅 프라이팬도 바로 이 원리를 사용해 만들었답니다.

딱정벌레목 곤충의 딱지날개에서 얻은 영감: 전시 구조물 '엘리트라 필라멘트 파빌리온'

런던의 디자인 미술관 '빅토리아 앤드 알버트 뮤지엄'은 딱정벌레목 곤충의 딱지날개 섬유 구조에서 영감받은 디자인 구조물 '엘리트라 필라멘트 파빌리온'을 전시한 적이 있어요. 얼핏 보면 딱정벌레목 곤충의 딱지날개는 둔해 보이지만, 사실 아주 가볍고 단단해요. 그래서 이 구조물은 200제곱미터가 넘는 자리를 차지할 정도로 크지만, 무게는 2.5톤도 되지 않아 코끼리보다 가벼웠답니다.

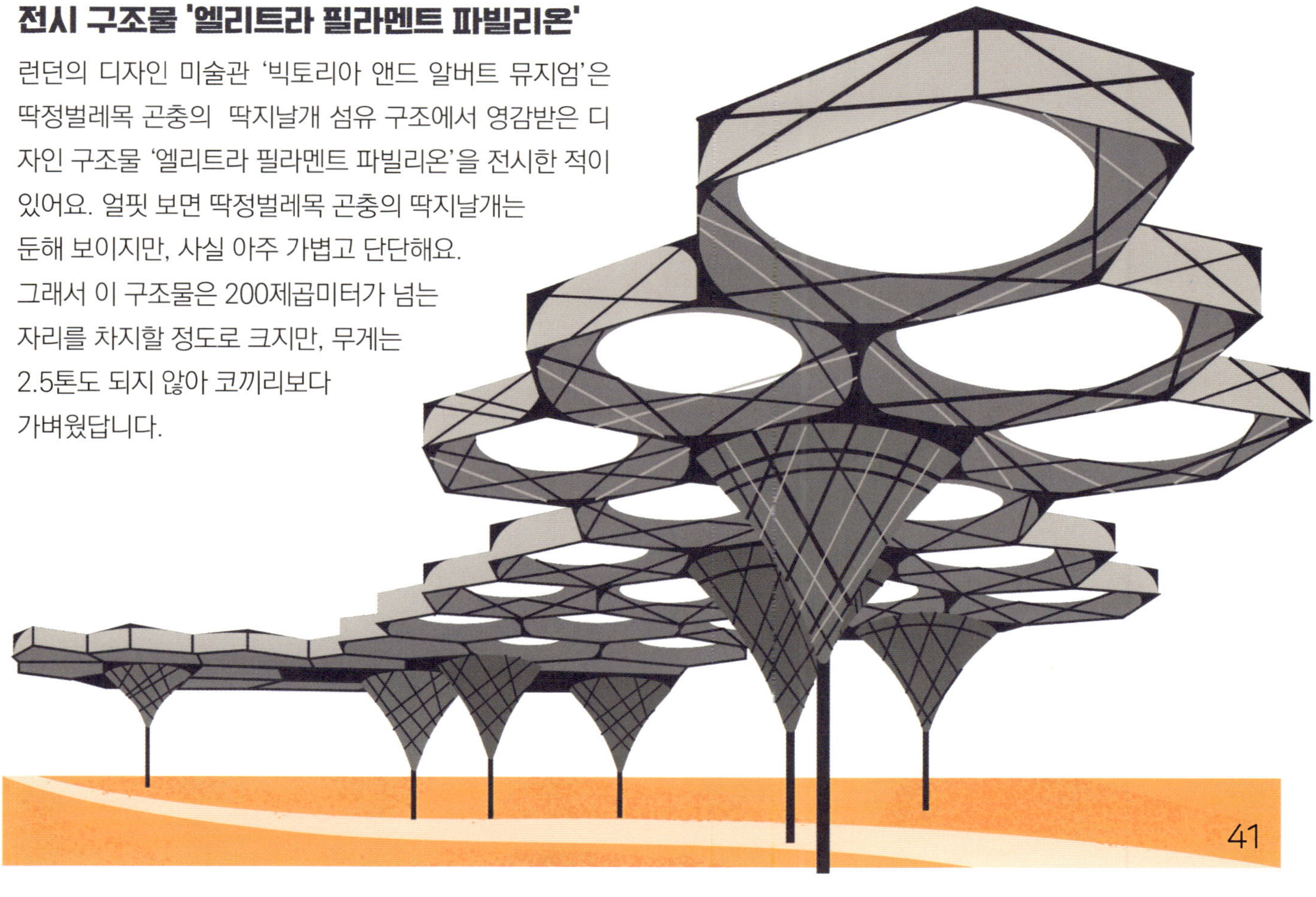

우리 함께 곤충을 보호하자

곤충의 종류는 다양하지만, 멸종 위기에 처한 종도 있어요. '곤충은 번식력도 강하고, 빠르게 자라는데 어떻게 멸종될 수 있지?'라고 생각하겠지요. 곤충의 생존을 위협하는 원인은 아주 많아요.

파괴되는 서식지

곤충이 사는 곳을 곤충의 서식지라고 해요. 그런데 인간의 활동은 곤충의 서식지를 파괴해요.

세인트헬레나집게벌레는 원래 남대서양에 있는 세인트헬레나섬의 바위 아래 사는 곤충이었어요. 하지만 사람들이 집을 지으려고 섬에 있는 돌을 많이 써 버리고, 생쥐 같은 동물들이 사람과 함께 찾아와 세인트헬레나집게벌레를 잡아먹자 이 집게벌레는 멸종 위기에 빠졌어요. 결국 세계 자연 보호를 위해 활동하는 국제기구인 국제자연보전연맹(IUCN)은 2014년에 세인트헬레나집게벌레는 멸종했다고 공식적으로 발표했어요.

동반 멸종의 위기

어떤 곤충은 다른 동식물이 줄어들며 함께 멸종 위기에 놓이게 되는 '동반 멸종'의 위기에 몰리고 있어요.

중국애호랑나비의 애벌레는 족두리풀이라는 들꽃의 잎만 먹고 살아요. 그런데 사람들이 한약 재료로 쓰기 위해 족두리풀을 너무 많이 따 가는 바람에 족두리풀은 중국애호랑나비도 쉽게 구할 수 없는 '보물' 같은 먹이가 되고 말았어요.

외래종의 침입

다른 나라에서 온 곤충인 외래종 곤충이 기존의 생태 환경을 파괴하기도 해요.

과거 한국에는 재래 꿀벌이라는 토종 꿀벌 종이 가장 많았어요. 그런데 20세기 초에 서양종 꿀벌이 한국에 들어오면서 재래 꿀벌의 생존에 큰 위협이 되었고, 이제 한국에서 야생 재래 꿀벌은 거의 찾아보기 힘들게 되었답니다.

곤충을 보호하기 위해 가장 중요한 것은 곤충의 서식지를 보호하는 일이에요. 곤충의 서식지가 그대로 있으면, 곤충은 꿋꿋하게 살아갈 수 있거든요. 우리 모두 함께 노력해요.

이 책에 등장한 곤충들의 이름

이 책에 등장한 곤충의 이름을 표로 정리했어요. 곤충의 라틴어 학명과 영어 이름을 알아볼까요?

우리말 이름	라틴어 학명	영어 이름
왕풍뎅이	Melolontha melolontha	May beetle
청실잠자리	Lestes sponsa	Emerald damselfly
쐐기풀나비	Aglais urticae	Small tortoiseshell
루리하늘소	Rosalia alpina	Alpine longhorn beetle
산호랑나비	Papilio machaon	Common yellow swallowtail
포베티쿠스 차니	Phobaeticus chani	Chan's megastick
집게벌레	Labidura riparia	Striped earwig
골리앗왕꽃무지	Goliathus regius	Royal Goliath beetle
마다가스카르비단제비나방	Chrysiridia rhipheus	Madagascan sunset moth
체체파리	Glossina morsitans	Tsetse fly
주기매미	Magicicada septendecim	Periodical cicadas
개미벌	Dasymutilla occidentalis	Red velvet ant
옥색긴꼬리산누에나방	Actias luna	Luna moth
알칼리벌	Nomia melanderi	Alkali bee
바이올린딱정벌레	Mormolyce phyllodes	Violin beetle
헤라클레스왕장수풍뎅이	Dynastes hercules	Hercules beetle
알렉산드라 비단제비나비	Ornithoptera alexandrae	Queen Alexandra's birdwing
앞장다리하늘소	Acrocinus longimanus	Harlequin beetle
헬레나모르포나비	Morpho helena	Helena morpho
왕사마귀	Tenodera sinensis	Chinese mantis
제왕나비	Danaus plexippus	Monarch butterfly
된장잠자리	Pantala flavescens	Wandering glider
메넬라우스모르포나비	Morpho menelaus	Menelaus blue morpho
노린재 (과)	Pentatomidae	Stink bugs
풍뎅이 (과)	Scarabaeidae	Scarab beetles
진홍나방	Tyria jacobaeae	Cinnabar moth
밤나방 (과)	Noctuidae	Owlet moths
사마귀 (과)	Mantidae	Praying mantises
풀무치	Locusta migratoria	Migratory locust
가랑잎나비	Kallima inachus	Orange oakleaf
남방공작나비	Junonia almana	Peacock pansy
대벌레 (목)	Phasmatodea	Stick insects
난초사마귀	Hymenopus coronatus	Orchidmantis
귀뚜라미 (과)	Gryllidae	Cricket
여치* (과)	Tettigoniidaei	Katydids
마다가스카르휘파람바퀴	Gromphadorhina portentosa	Madagascar hissing cockroach
쓰름매미	Meimuna mongolica	/
열점무당벌레	Lemnia bisellata	Ten-spot ladybird
칠성무당벌레	Coccinella septempunctata	Seven-spot ladybird
길앞잡이	Therates fruhstorferi	/
콜로라도 감자잎벌레	Leptinotarsa decemlineata	Colorado potato beetle
나리딱정벌레	Lilioceris lilii	Scarlet lily beetle
왈리치사슴풍뎅이	Dicranocephalus wallichi	/
쇠똥구리 (과)	Scarabaeoinae	Dung beetles
반딧불이 (과)	Lampyridae	Firefly
꽃무지 (아과(Subfamily))	Cetoniinae	Flower chafers
바구미 (과)	Curculionidae	Weevils
비단벌레 (과)	Buprestidae	Jewel beetles
중국애호랑나비	Luehdorfia chinensis	Chinese luehdorfia
표범나방	Zeuzera pyrina	Leopard moth
등줄박각시	Marumba spercnius	/
꿀벌 (과)	Apoidae	/
모기 (과)	Culicidae	Mosquito
파리 (과)	Muscidae	House flies
진딧물 (상과(Superfamiliy))	Aphidoidea	Aphids
멸구 (과)	Delphacidae	/
좀	Lepisma saccharina	Silverfish
개미 (과)	Formicidae	Ant
벼룩 (목)	Siphonaptera	Flea
흰개미 (과)	Termitidae	Termite
파리스보라제비나비	Papilio paris	Paris peacock
부채벌레 (목)	Strepsiptera	Twisted-wing insects
산창반딧불이	Lychnuris praetexta	/
호주왕잠자리	Austrophlebia costali	Southern giant darner
호랑나비 (과)	Papilionidae	Swallowtail butterfly
깔다구 (과)	Chironomidae	Non-biting midges

* 여치는 씨르래기라는 이름으로도 불려요.